看见澳门：跟着诗词去旅行

七子之歌

闻一多

邶（bèi）有七子之母不安其室。七子自怨自艾，冀以回其母心。诗人作《凯风》以愍（mǐn）之。吾国自尼布楚条约迄旅大之租让，先后丧失之土地，失养于祖国，受虐于异类，臆其悲哀之情，盖有甚于《凯风》之七子。因择其与中华关系最亲切者七地，为作歌各一章，以抒其孤苦亡告、眷怀祖国之哀忱，亦以励国人之奋兴云尔。国疆崩丧，积日既久，国人视之漠然。不见夫法兰西之 Alsace-Lorraine[①]耶？“精诚所至，金石能开。”诚如斯，中华“七子”之归来其在旦夕乎！

澳门

你可知“妈港”不是我的真名姓？……
我离开你的襁褓太久了，母亲！
但是他们掳去的是我的肉体，
你依然保管着我内心的灵魂。
三百年来梦寐不忘的生母啊！
请叫儿的乳名，叫我一声“澳门”！
母亲！我要回来，母亲！

---

①即阿尔萨斯—洛林，法国东部大区地名。

欢迎亲爱的你，
来到我深爱的城。

请记录下你在澳门的点点滴滴吧……

地点__________ 日期__________

由香山径入濠镜澳遍游天主寺

陈衍虞

大海环众山，山起烟空际。

一径连汉端，诸峰伏受掣。

dǒu
呌绝[1]鸟无声，猿猱失其势。

霜净岛屿明，了了现云髻[2]。

估客[3]尽鸟言[4]，板屋异华制。

yè
岌嶪[5]列宝坊[6]，金碧竞崎丽。

yí
彝女日为群，密受番僧誓[7]。

寺魂逼目光，常恐迟即逝。

【作者】

陈衍虞（1603—1688），字伯宗，号园公，广东海阳（今广东省潮州市）人。明崇祯十五年（1642）举人，清顺治十二年（1655）任广东番禺教谕，清康熙二年（1663），迁广西平乐知县。陈衍虞应是在番禺教谕的任上时出游澳门。

【注释】

① 斗绝：斗，通“陡”。斗绝，形容山势峻峭。

② 云髻：古代女子将头发挽结于头顶的一种发式，此喻山峰。

③ 估客：商人。此指番商。

④ 鸟言：古人形容非中原地区的语言，说话似鸟鸣，此指外国人的语言。

⑤ 岌嶪：高峻貌。

⑥ 宝坊：原是佛教寺院的美称，此指天主教堂。

⑦ 密受番僧誓：此指西洋妇人在天主教堂内进行告解。

欢迎亲爱的你，
来到我深爱的城。

请记录下你在澳门的点点滴滴吧……

地点__________日期__________

香岙逢贾胡

汤显祖

不住田园不树桑，珴珂[1]衣锦下云樯[2]。
明珠海上传星气，白玉河[3]边看月光。

【作者】

汤显祖（1550—1616），江西临川（今属江西省抚州市）人。明代杰出戏曲家，著有《牡丹亭》（又称《还魂记》）、《南柯记》、《邯郸记》和《紫钗记》（合称“临川四梦”）等经典传奇作品。明万历十九年（1591）年底，汤显祖来到了香山岙，创作了有关澳门的诗作，成为澳门文学史的开篇人物。此外，《牡丹亭》第二十一出《谒遇》中提到的“番鬼们建造”之“广州府香山岙多宝寺”，其创作原型应是澳门的圣保禄教堂。

【注释】

① 珴珂：形容其装饰佩带的华丽。珴，手捧圭璋；珂，美玉。

② 云樯：喻船樯高耸入云，代指大船。樯，帆船上挂风帆的桅杆，借代为帆或帆船。

③ 白玉河：又称玉龙喀什河，位于今新疆维吾尔自治区和田地区，自古以出产白玉著名。

欢迎亲爱的你，
来到我深爱的城。

请记录下你在澳门的点点滴滴吧……

地点__________日期__________

三巴寺

刘世重

地入蛮方尽，天连岭峤[1]高。
坐堂环白鬼[2]，听法问红毛。
殿阁标云霭，山门叠海涛。
西洋传佛国，金相[3]果称豪。

【作者】

刘世重（？—1702），字仰山，广东香山（今广东省中山市）人。清康熙二十三年甲子（1684）举人，曾官任行唐（今属河北省石家庄市）知县。刘世重中举后，曾到澳门游观。

【注释】

① 岭峤：此指位于广东与江西、湖南交界的南岭。岭，山脉；峤，指山锐而高。

② 白鬼：与下文的红毛皆指天主教的外国信徒。清人张渠《粤东闻见录》：“广人称外番人曰鬼子。贺兰眼皆碧绿，发黄面黧（lí）。红毛鬼长身赤发，深目蓝睛，状尤狞恶。西洋人皆白面，颧腮作桃花色，黄睛浓须。”

③ 金相：原指菩萨的金身像，喻金碧辉煌的外貌。此指天主教堂的圣像和布置。

欢迎亲爱的你，
来到我深爱的城。

请记录下你在澳门的点点滴滴吧……

地点__________日期__________

澳门（其一）

屈大均

广州[①]诸舶口，最是澳门雄。
外国[②]频挑衅，西洋久伏戎[③]。
兵愁蛮器[④]巧，食望鬼方[⑤]空。
肘腋[⑥]教无事，前山[⑦]一将功。

【作者】

屈大均（1630—1696），清文学家。字介子、翁山。广东番禺（今广东省广州市）人。早年受业于岭南名儒陈邦彦，补南海县生员。参与明末的抗清活动。避乱为僧，释名今种。屈大均著述甚丰，诗词蕴藉深厚，与陈恭尹、梁佩兰合称“岭南三大家”，康熙年间曾至澳门。

【注释】

① 广州：即广州府。广州府始设于明洪武元年（1368），辖一州十五县；清代广州府管辖十四县，包括今珠江三角洲大部分地区。

② 外国：此指荷兰人。葡萄牙人占据澳门后，荷兰人先后在明万历二十九年（1601）、万历三十二年（1604）、天启二年（1622）武力进攻澳门，以图夺取葡萄牙人的控制权。

③ 伏戎：《易·同人》九三：“伏戎于莽，升其高陵，三岁不兴。”此指伏兵在此，隐伏武力，伺机作乱。万历三十三年至四十四年（1605—1616），葡萄牙殖民者借口防范荷兰，擅自在澳门建炮台、派兵戍守。

④ 蛮器：西洋人的兵器、火炮。

⑤ 鬼方：《易·既济》九三：“高宗伐鬼方，三年克之。”鬼方原指商周时居于中国西北方的民族部落，此借指西方各国。

⑥ 肘腋：胳膊肘与胳肢窝，比喻切近之地，形容澳门与内地极为接近。

⑦ 前山：香山县的前山寨，今属广东省珠海市，为历代控扼澳门的军事要地。

欢迎亲爱的你，
来到我深爱的城。

请记录下你在澳门的点点滴滴吧……

地点__________日期__________

蓮峯廟

题澳门图

罗天尺

澳口东风未易寻，莲茎[1]关外大洋深。
谁当海不扬波日，写出人来归市[2]心。
鱼撼腥风疑岛动，蜃浮楼气[3]入春阴。
天边不用乘槎[4]去，酒后青山画里吟。

【作者】

罗天尺（1685—1766），字履先，号石湖，广东顺德（今广东省佛山市顺德区）人。清乾隆元年（1736）举人。据目前史料来看，罗天尺应未曾到过澳门。

【注释】

① 莲茎：又称莲花径、香山径，是连接内地与澳门半岛的一条沙堤，大略是今珠海市吉大、湾仔沙经莲花路至澳门关闸处，澳门半岛状如莲花，故通澳门之道称莲花茎。

② 归市：趋赶集市，比喻海外诸番纷纷前来朝贡，归附者众。《孟子·梁惠王下》："从之者如归市。"

③ 蜃浮楼气：海市蜃楼。

④ 乘槎：指乘坐竹筏、木筏。西晋张华《博物志》卷十载，传说天河通海，海边之人于八月乘海上来的木筏可达天河，见到牛郎、织女，后以乘槎喻登天。

欢迎亲爱的你，
来到我深爱的城。

请记录下你在澳门的点点滴滴吧……

地点__________日期__________

澳门

黄德峻

传闻形胜①似莲花，孤屿南浮水一涯。
潮落海门分十字，【一】钟鸣山寺礼三巴。【二】
鲸鲵（ní）浪静②通番舶，【三】蛎蛤塘宽占蛋（dàn）家③。【四】
好是葡萄新酒美，高台④风月不须赊。【五】

原注：

【一】海有上下十字二门。

【二】山有三巴寺。每七日为期，侵晨撞巨钟，声闻十数里，夷人男妇咸集，听僧演说，名曰礼拜。

【三】时海寇初平。

【四】青洲一带海中土人多以种蚝为业，名曰蚝塘。

【五】山有南、北二台。

【作者】

黄德峻（1796—1850），字景嵩、琴山，广东高要（今广东省肇庆市高要区）人。清嘉庆十八年（1813）举人，清道光二年（1822）进士。历官户部主事、泉州知府，署福建粮储道、延建邵道。著有《樵香阁诗钞》。

【注释】

① 形胜：地理形势。澳门向称莲花宝地，主要是因为澳门半岛状如莲花。屈大均《广东新语》："自香山城南以往二十里，一岭如莲茎，踰岭而南，至澳门则为莲叶。"陆希言《澳门记》："（澳门）遥望如一叶荷葵，横披水面，追其茎，则有关焉。"

② 鲸鲵浪静：清嘉庆十五年（1810）四月，两广总督张百龄至香山，招降海盗张保仔（原名张保），此处或喻此事。鲸鲵，即鲸鱼，雄曰鲸，雌曰鲵。

③ 疍家：广东、广西和福建一带以船为家的渔民。

④ 高台：或指澳门半岛上的东望洋山和西望洋山。

欢迎亲爱的你，
来到我深爱的城。

请记录下你在澳门的点点滴滴吧……

地点__________日期__________

行香子·澳门

鲍俊

蚝境[1]波平，四面钟声。礼耶稣果供[2]香迎。帘垂粉壁，山锁莲茎。看海东西，楼高下，艇纵横。

飓母[3]时鸣，百丈潮生。卷腥风浪逼蛟鲸。沙关[4]夕照，鸟阁[5]朝晴。爱蜡鱼黄，银虾白，石螺青。

【作者】

鲍俊（1797—1851），字宗垣，号逸卿，别号石溪生，广东香山（今广东省中山市）人。清道光二年（1822）举人，次年中进士。选翰林院庶吉士，后调刑部主事。清道光十一年（1831）归粤，曾支持沈亚米（字志亮）刺杀当时任澳门总督的葡人亚马留。

【注释】

① 蚝境：澳门附近水域曾盛产蚝，且波平如镜，故澳门又称为蚝（后作“濠”）江、蚝镜（境）。

② 果供：原指供奉佛像的果品，此以佛教语喻天主教。

③ 飓母：《广东新语》：“雷之州，每见天边有晕若半虹，长数十丈，初圜而黑，渐乃广阔如破帆。其名风篷，亦曰飓母。”《澳门纪略》上卷《形势篇》：“粤之风，……失其位与时，则风之变也，厥名‘飓’。”此处或指台风。

④ 沙关：此指古关闸。

⑤ 鸟阁：此指澳门白鸽巢。一作“妈阁”，指澳门妈阁庙。

欢迎亲爱的你，
来到我深爱的城。

请记录下你在澳门的点点滴滴吧……

地点__________日期__________

澳门（其一）

吴亮斑

望洋东寺[1]复西园[2]，沦茗[3]龙泉[4]出石根。
椰菜絮羹名士味，巴菇[5]香草美人魂。
卖鱼浪白[6]船双桨，擘蟹洲青[7]酒一樽。
海味故应甘久住，钟声清供又黄昏。

【作者】

吴亮珽，字黻卿，清嘉庆至同治时诸生。广东香山（今广东省中山市）人。以授徒养亲，乡里称长者。著有《绿萼吟馆诗钞》。

【注释】

① 望洋东寺：此指东望洋山的圣母雪地殿教堂。

② 西园：此指西望洋山圣母堂下的山水园。

③ 沦茗：烹茶。

④ 龙泉：此指澳门的山泉。清道光《香山县志》："澳山泉曰大龙喉，曰二龙喉，曰小龙喉，俱在东望洋寺右。曰山水园泉，在西望洋寺下。皆水自石出，清冽甘美。"

⑤ 巴菇：葡语tabaco的音译，或作巴菰、淡巴菰、大孖古等，意谓烟草。

⑥ 浪白：浪白滘，又称浪白澳，澳门附近海域一古岛名。

⑦ 洲青：即青洲，澳门西北部的半岛。

欢迎亲爱的你，
来到我深爱的城。

请记录下你在澳门的点点滴滴吧……

地点__________日期__________

澳门

黄景棠

天风吹浪隘沧溟，鸿雪因缘爪未经。
崖石倒悬双镜[①]碧，溪山弯抹两蛾[②]青。
莺花对语琴三弄，哀乐无端酒百瓶。
酣醉尚能歌踏踏，夜深惊起蛰龙听。

【作者】

黄景棠（1870—约1915），字诏平，广东新宁（今广东省台山市）人。清光绪二十三年（1897）拔贡，考授知县，然未赴官。归广州后，筑小画舫斋，活跃于商界。

【注释】

① 双镜：喻指澳门的南湾、北湾。《澳门记略》上卷《形势篇》：澳门“有南北二湾，可以泊船，或曰南环。二湾规圜如镜，故曰濠镜”。

② 两蛾：喻指东、西望洋山。

欢迎亲爱的你，
来到我深爱的城。

请记录下你在澳门的点点滴滴吧……

地点__________日期__________